LOS
APACHE

por Bárbara A. McCall

ilustrado por Luciano Lazzarino

Versión en español de Aída E. Marcuse

ROURKE PUBLICATIONS, INC.

VERO BEACH, FLORIDA 32964

ÍNDICE

Library of Congress Cataloging-in-Publication Data

McCall, Barbara A., 1936-
  [Apaches. Spanish]
  Los apache / por Barbara A. McCall; ilustrado por
Luciano Lazzarino; versión en español de Aída E. Marcuse.
  p. cm. — (Pueblos americanos nativos)
  Traducción de: The Apaches.
  Incluye índice.
  Resumen: Examina la historia, el estilo de vida tradicional y la situación actual de los indios apache.
  ISBN 0-86625-454-4
  1. Indios apache—literatura juvenil. [1. Indios apache.
2. Indios de Norteamérica. 3. Materiales en español.]
I. Lazzarino, Luciano, ilus. II. Título. III. Serie.
E99d.A6M41418 1992
973'.04972—dc20   92-12177
                                                        CIP
                                                        AC

INTRODUCCIÓN

Miles de años antes de que Cristóbal Colón llegara a sus costas, muchos grupos de americanos nativos ya vivían en el continente. Las olas sucesivas de exploradores y colonos blancos descubrieron nuevas tribus en cada viaje. Los Apache vivían en el territorio que hoy abarcan los estados de Arizona, New Mexico, Texas y el norte de México.

Los Apache, como los demás grupos indígenas, descienden de los pueblos que llegaron de Asia hace miles de años. Los primeros inmigrantes probablemente cruzaron un puente de tierra que conectaba Alaska con Siberia, una parte de Rusia. Los españoles llegaron por primera vez a tierras de los Apache en el siglo 16.

En ese entonces, la mayoría de los españoles que venían a América eran conquistadores que buscaban oro y capturaron a muchos indígenas como esclavos. Pero los Apache eran demasiado rápidos y alertas para ellos. Siglo tras siglo, los españoles y mejicanos, hombres blancos que no respetaban para nada los derechos de los indígenas, invadieron las tierras del suroeste. Pero recién en 1848 empezaron las guerras contra los Apache. Para entonces, el gobierno americano había implementado un programa para trasladar a los americanos nativos del sur y el suroeste a reservaciones de tierras pobres, donde les sería muy difícil sobrevivir. Muchos indígenas murieron por culpa de este cruel tratamiento.

Hacia 1886, el gobierno de Estados Unidos forzó al último grupo a vivir en una reservación. Era un grupo Apache encabezado por Gerónimo, un guerrero. Cuando se rindió, terminaron las luchas

entre el ejército de Estados Unidos y los americanos nativos. El gobierno decretó subvenciones de dinero y bienes para la reservación. Pero muchos de sus agentes eran deshonestos: ignoraron las necesidades de los indígenas y utilizaron el dinero en su propio beneficio.

En 1924, los americanos nativos fueron hechos ciudadanos de Estados Unidos. Pero pasaron varias décadas antes que el resto del pueblo y el gobierno comenzaran a tratarlos con respeto y justicia. Finalmente, en 1970 y 1980, el gobierno aportó el dinero necesario para darles mejor educación a los indígenas y así permitirles emprender sus propios negocios.

Ahora el indígena es reconocido como el único americano nativo original. En Arizona y New Mexico hay más de 25.000 Apache, congregados en varias bandas que viven en o cerca de las reservaciones. Los consejos tribales poseen y dirigen grandes explotaciones forestales, y estaciones de esquí muy populares. Los americanos nativos tienen el orgullo de mantenerse a sí mismos y de no depender de la ayuda del gobierno.

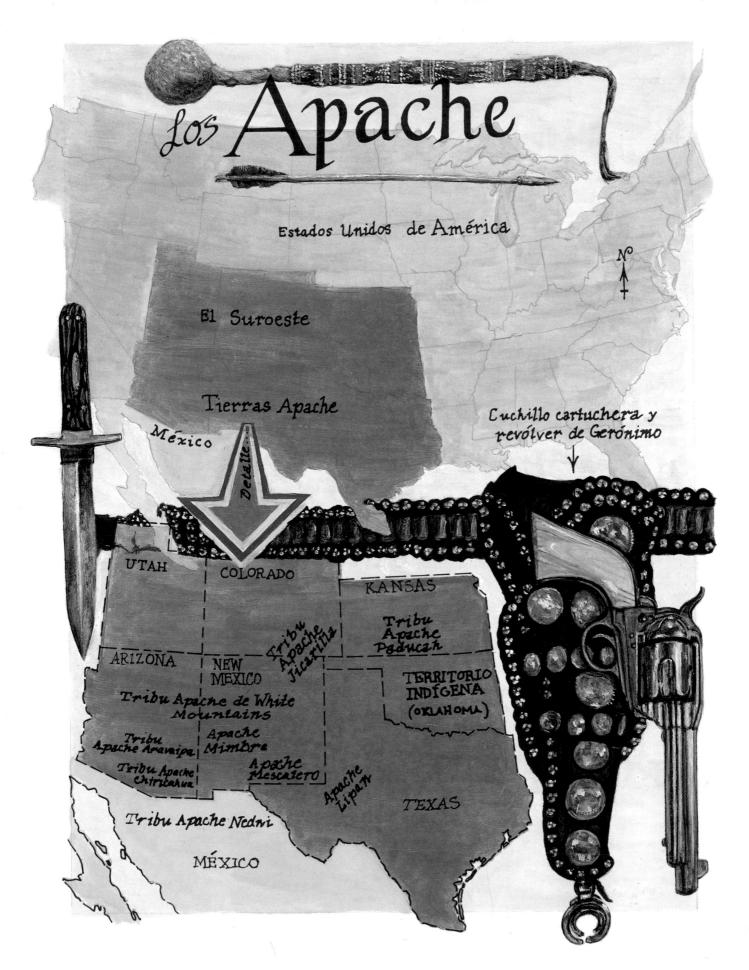

Los Apache

Estados Unidos de América

N ↑

El Suroeste

Tierras Apache

México

Detalle...

Cuchillo cartuchera y
revólver de Gerónimo

UTAH   COLORADO

KANSAS

ARIZONA   NEW
           MEXICO

Tribu
Apache
Jicarilla

Tribu
Apache
Paducah

Tribu Apache de White
Mountains

Tribu
Apache Aravaipa

Apache
Mimbre

TERRITORIO
INDÍGENA
(OKLAHOMA)

Tribu Apache
Chiricahua

Apache
Mescalero

Apache
Lipan

TEXAS

Tribu Apache Nedni

MÉXICO

Un pueblo errante

Los primeros en encontrarse frente a frente con los indígenas del suroeste fueron los exploradores y colonos españoles. En las crónicas de Don Juan de Oñate, el colonizador de New Mexico, aparece la mención del nombre Apache ya en 1598. La palabra Apache probablemente se originó en la palabra Zuni *apachu*, que significa "enemigo." Pero los Apache se llamaban a sí mismos "Tin-ne-ah," que significa "la gente."

Los Apache vivían organizados en grandes familias. Al casarse una mujer, la pareja pasaba a vivir con la madre de ella. Un marido Apache mostraba respeto a su suegra acatando las normas que ella establecía para la familia. La tradición imponía que bajara los ojos en su presencia.

Los indígenas Apache frecuentemente atacaban por sorpresa a sus vecinos, los Zuni y los Pueblo, para vengarse o robarles lo que necesitaban. Además, muchas veces tomaban cautivos a miembros de otras tribus. Algunos de ellos eran aceptados entre los Apache, y otros eran esclavizados.

En contraste con sus vecinos, los Apache eran un pueblo errante. Vivían en un lugar por corto tiempo y después se mudaban. Sobrevivían comiendo plantas y bayas, animales que cazaban, y conquistando despojos de guerra.

Vivían al aire libre, tanto en las secas llanuras como en las montañas. Solían dormir a campo raso, o abrigándose en algún cañón. Los Apache podían sobrevivir donde la mayoría de las otras tribus hubiera perecido.

Cuando acampaban, las mujeres de la tribu construían hogares que llamaban *wickiups*. El *wickiup* era una pequeña

choza en forma de domo que sólo podía albergar a pocas personas. No era una estructura muy sólida. Podía levantarse y deshacerse rápidamente. Una madre y su hija solían construir un *wickiup* en pocas horas.

Primero, las mujeres buscaban un espacio despejado y llano y dibujaban un círculo de unos ocho pies de diámetro. Después excavaban un pequeño surco alrededor del círculo y plantaban en él delgados palos de roble o sauce, como armazón para el *wickiup*.

Para formar el techo de la choza, las puntas de los palos se ataban con tiras de yuca. La altura máxima, desde la cima hasta el suelo, era de unos cinco o seis pies. En tiempo frío, se dejaba una abertura en la cima para dejar salir el humo de los fuegos que se hacían en el interior. La parte de afuera del *wickiup* se cubría con manojos de pasto y ramas de árboles.

El *wickiup* fue la casa tradicional de los Apache por cientos de años. Muchos indígenas siguieron construyéndolos en las reservaciones hasta principios del siglo 19.

Los cazadores silenciosos

Los hombres de la tribu pasaban la mayor parte del tiempo cazando ciervos, antílopes, alces y, ocasionalmente, búfalos. Antes de 1700, los indígenas cazaban a pie, ya que no conocieron los caballos hasta que los españoles los introdujeron en el suroeste.

Para ir tras un ciervo o antílope, los cazadores usaban máscaras de animales, hechas de piel de ante, y sus antenas. Con las máscaras puestas, uno o dos cazadores se arrastraban furtivamente por el lugar donde pastaban los animales. A veces eran tan silenciosos, que lograban llegar a escasos diez pies de ellos.

Cuando el ciervo se ponía a su alcance, a menudo los cazadores observaban sus movimientos por largo rato. A veces, un Apache permanecía oculto en los pastos altos varias horas, hasta que el animal se acercaba a él. Entonces, ponía una flecha en su arco, se paraba rápidamente y disparaba, seguro de alcanzarlo.

En seguida, el cazador despellejaba su caza. Primero le sacaba la piel de un lado y cortaba la carne. Después, hacía lo mismo del otro lado. Finalmente, envolvía la carne del animal en su piel y lo llevaba al campamento.

Una buena cacería significaba que la familia tendría carne fresca para varios días. Las mujeres Apache asaban la carne al fuego, puesta en largos pinchos, o la guisaban.

A los Apache les gustaba la carne con grasa. Los hombres solían frotarse la grasa en las piernas porque creían que eso las haría tan fuertes y rápidas como las del animal del que provenían.

Cuando hacía calor, parte de la carne de la cacería del día se cortaba en tiras, se secaba al sol y se guardaba para los días siguientes. Era la única manera de conservarla que conocían.

Los niños varones aprendían a cazar pequeños animales, como perros de la pradera, ardillas y conejos, los que también formaban parte de la dieta de la familia.

Recolectores de plantas

Los Apache comían gran variedad de plantas salvajes. Las mujeres recolectaban todas las que eran comestibles. La yuca y el mezcal, dos plantas muy abundantes, eran la base de la dieta Apache. Las mujeres cosechaban la yuca, que a veces crecía hasta alcanzar seis pies de altura, al empezar la primavera. La llamaban la "vela del desierto," porque su fino tallo terminaba en un penacho de flores blancas.

A finales de la primavera, las mujeres recogían el mezcal. La planta tiene grandes hojas que crecen en forma de repollo. Las mujeres pasaban varios días seguidos juntando suficiente mezcal como para alimentar sus familias durante meses.

El tallo asado de una planta de yuca joven era tierno y de gusto parecido a espárragos. Las plantas más viejas eran más duras, y primero se machacaban y cocinaban al vapor. El mezcal siempre era cocinado así. Su gusto era parecido al de la calabaza.

No era fácil cocinar las plantas. Las mujeres hacían un gran fuego en un profundo pozo lleno de piedras. Al apagarse el fuego, sacaban las cenizas y aplilaban la yuca o el mezcal sobre las piedras calientes. Recubrían las plantas con pasto mojado, y las dejaban cocinarse al vapor casi todo el día.

8

Parte de los alimentos cocidos se secaban y guardaban para la época fría, o para cuando la familia se mudaba. Las plantas secadas se envolvían en pieles de animales y se metían en canastas. Las mujeres Apache no hacían ni usaban cerámicas, porque era demasiado pesado llevarlas de un lado a otro. Las canastas eran más fáciles de transportar.

Otras plantas que comían eran la sagitaria, cebollas salvajes, y frutas como el zumaque, fresas, uvas y frambuesas. A menudo las frutas se machacaban para hacer pequeños bollos que se secaban al sol. Se les echaba encima el jugo de las frutas, y al secarse, quedaban como bañados en azúcar. Esto permitía que los bollos de frutas se conservaran por mucho tiempo.

Los Apache juntaban varias clases de nueces, incluyendo los piñones, que eran los que más les gustaban a los niños.

Cuando hacía falta, las familias indígenas almacenaban los alimentos secados en grandes pozos, para conservarlos para el invierno. Las mujeres tapizaban el fondo y las paredes del pozo de almacenamiento con piedras lisas, que recubrían con ramitas. Después ponían encima las canastas con la comida seca y las tapaban con más ramitas. Cerraban la abertura del pozo con grandes piedras y lo sellaban con una capa de barro. ¡No había peligro alguno de que extraños lo encontraran y pudieran robarlo!

Canastas, porta fardos y cunas portátiles

Las canastas eran muy importantes para los primeros indígenas Apache. Las mujeres las usaban para empacar las pocas posesiones de la familia cada vez que se mudaban a un nuevo campamento. Para hacerlas utilizaban gran variedad de plantas, juncos, y hierbas que crecían en las llanuras y montañas.

Por lo general usaban hojas de yuca, mimbres flexibles, o cortezas de junípero. Primero retorcían o trenzaban las hebras de las plantas para hacer largas cuerdas. Después las enrollaban en pequeños o grandes círculos, dependiendo del tamaño que querían darle a la canasta.

Con flores de otras plantas hacían tintes para pintarlas. Una planta, la bigelovia, daba el color amarillo, y otra el marrón.

Para obtener los colores rojo y lavanda, las mujeres usaban flores de cacto. Cuando transportaban cargas pesadas, las mujeres Apache utilizaban un porta fardos que se colgaban de la espalda y los hombros. El fondo del porta fardos era saliente, y formaba un pequeño estante. Una pieza de piel de ciervo, unida a la parte de arriba del porta fardos, les servía para sujetárselo a la frente.

La madre Apache también transportaba a su bebé a la espalda, en una cuna portátil que le permitía estar abrigado y protegido mientras su madre trabajaba o viajaba. A menudo, la madre colgaba la cuna portátil de la rama baja de un árbol mientras juntaba comida para la familia. Pero nunca perdía de vista al bebé. Las madres Apache eran sobreprotectoras y se sentían orgullosas de su familia. Cada bebé llevaba un amuleto de plumas o dientes de ciervo, cuya función era protegerlo de los peligros o contra los espíritus malignos.

Vestimentas Apache

Como las demás tribus, al principio los Apache usaron pieles de ciervo para hacer sus ropas. Las mujeres curtían las pieles remojándolas en agua y después las estiraban y frotaban para suavizarlas. Los Apache usaban ropas sencillas. Cuando hacía calor, los hombres llevaban sólo calzones y mocasines. Cuando hacía frío, usaban camisas largas hasta las rodillas. Los mocasines eran altos como botas, y les llegaban a las rodillas, o por encima. Tenían la punta vuelta hacia arriba. Esos mocasines tan altos les servían para protegerse contra las espinas de las plantas, rocas puntiagudas y serpientes. Las suelas eran de duras pieles que no habían sido tratadas.

También las mujeres vestían con sencillez. Usaban faldas cuando hacía calor, y vestidos largos cuando hacía frío. Los dobladillos de los vestidos tenían flecos y solían decorarse con canutos de puercoespín. Calzaban mocasines parecidos a los de los hombres.

Los hombres Apache no usaban grandes tocados como tantos otros indígenas del oeste. En vez, llevaban una simple banda de piel de ciervo atada a la frente. Tanto hombres como mujeres preferían tener muy largo el abundante y liso pelo negro. Rara vez lo usaban trenzado o echado hacía atrás.

Cuando los colonos mejicanos entraron en territorio Apache, los indígenas cambiaron sus ropas por otras al estilo de los blancos. Desde entonces, tanto hombres como mujeres se vistieron con ropas de algodón de brillantes colores.

Indígenas Apache de la tribu Mojave, hacia 1886.

Los hombres Apache usaban una camisa con puntas, como los mejicanos y americanos, y también alguna chaqueta de la que, tal vez, se habían incautado durante alguna incursión. También usaban fajas, o cinturones para el revólver, en las caderas.

A las mujeres Apache les gustaban los colores brillantes - naranja, rojo, y azul - en las faldas, blusas y vestidos. Las faldas, amplias, necesitaban muchas yardas de tela.

Aunque los Apache adoptaron las coloridas ropas de algodón de los blancos, nunca abandonaron sus mocasines. Tanto hombres como mujeres siguieron usando el calzado tradicional de piel de ciervo.

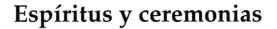

Espíritus y ceremonias

Los Apache creían que todo lo que existe tiene poderes especiales. También creían que debían evitar ciertos animales, porque poseen espíritus o fantasmas malignos. Entre ellos están el oso, el buho y el coyote. El cuervo, en cambio, es portador de buena suerte. Si los guerreros veían un cuervo antes de una incursión, creían que volverían de ella victoriosos.

El Gran Espíritu reinaba sobre todos los espíritus menores, buenos y malos. La leyenda cuenta que el Gran Espíritu envió los Espíritus de la Montaña, o Ganhs, a los Apache, para que les enseñaran la manera correcta de vivir. Los Ganhs les enseñaron a ser considerados con los demás, ayudar a los infortunados, y ser justos.

Los Ganhs también les enseñaron las ceremonias y cánticos apropiados para controlar las enfermedades y obtener favores del Gran Espíritu. Durante un tiempo, los Apache siguieron las enseñanzas de los Ganhs, pero después dejaron de actuar de acuerdo a ellas. Los Ganhs, disgustados por el proceder de los Apache, desaparecieron en las montañas.

Al pasar el tiempo, los Apache empezaron a personificar a los Ganhs y realizar danzas ceremoniales alrededor de fogatas. Una persona enferma solía pedirles a los Ganhs que bailaran toda la noche, hasta la madrugada, para alejar la enfermedad. Los bailarines giraban frenéticamente en círculos y, a veces, tocaban al enfermo con una vara. Los indígenas creían que la enfermedad pasaba a la vara y que se la llevaba el viento producido por los movimientos de los bailarines. La danza de los Ganhs se ejecuta aún hoy, durante ceremonias especiales y representaciones turísticas.

15

Es fácil saber quién personifica a los Ganhs, por los extraños tocados altos que usan. El bailarín siempre tiene la cara cubierta por una capucha de piel de ciervo. Tallos de plantas, ramas de árbol o trozos de madera se tallan, decoran y se unen al tope de la capucha. Algunos parecen rayos de sol, y otros representan antenas. En los dibujos hay pintados símbolos sagrados. Los bailarines Ganh hacen saber que están llegando haciendo ruido con sus tocados.

El bailarín Ganh también usa plumas de águila atadas a gallardetes que lleva en los brazos. En la mano lleva un palo largo, o espada, que utiliza como si fuera una vara o un arma.

La danza tradicional de los Ganhs se representaba cada año durante la ceremonia de pubertad de las niñas Apache. Muchos indígenas todavía siguen la tradición. La festividad dura cuatro días,

y marca la llegada de las jóvenes de 12 a 14 años a la edad adulta. Hoy se permite a los turistas que visitan New Mexico asistir a esta ceremonia tradicional.

Se congregan muchas familias Apache. Los adultos y los hombres jóvenes se mantienen a distancia. Se construye una choza especial para la joven, llamada el Gran Tepee. Alcanza veinticinco pies de altura y está hecho con cuatro vigas principales y ocho menores. Abre hacia el este, para que la joven pueda celebrar la llegada de la aurora.

Durante los tres primeros días, la muchacha permanece dentro del tepee, ocupada en muchos ritos. Se le entrega un traje especial, de piel de ciervo dorada. Una mujer conduce la ceremonia. Lava el pelo de la joven con jugos de plantas especiales y le pinta el cuerpo con polen. Le enseña a la joven como ser buena esposa, buena madre, y buena mujer. Al

Bailarines con sus tocados, de la tribu Apache Mescalero.

Una familia Apache

fondo, viejos shamanes - sabios curanderos - cantan canciones ceremoniales.

Durante esos días, la joven no puede tomar agua, excepto a través de una cañita. No le está permitido reirse ni sonreír, porque eso puede hacerle aparecer arrugas en la cara.

Muchos piensan que, durante este período, la joven tiene poderes especiales. Se la considera el símbolo de la Madre Tierra. Los enfermos, en la esperanza de que tenga poderes curativos, le piden que ponga sus manos sobre ellos.

Si durante la ceremonia la joven se comporta como se espera, su vida será buena y honorable. El último día de la ceremonia, el shaman la bendice y canta estas palabras:

"El sol ... ha venido a la tierra ... Vino a darle ... larga vida. Tiene buenos poderes."

No existe una ceremonia así para los jóvenes varones. Pero cuando tienen doce años, los muchachos pueden participar en carreras ceremoniales. Duran varios días, y tanto los jóvenes como los viejos participan en ellas. No corren para vencer a otros, sino para devolverle su energía al Dador de Vida, el Sol. Creen que sus energías combinadas son necesarias para asistir al Dios Sol en su tarea de esparcir el calor, que permite que haya vida en la tierra.

Los bailarines Ganh también aparecen durante esta celebración y cantan plegarias para ahuyentar a los demonios. Una de ellas dice:

"Hermosa es la Madre Tierra. Sobre ella están las blancas nubes. Bajo las nubes brilla el sol. En su tibia luz, entre las verdes hierbas, yo camino donde danzan los rayos de sol."

17

Bandas tribales Apache

Desde mediados de 1700 hasta 1848, los Apache lucharon muchas guerras, primero contra los españoles y después contra los mejicanos. Los blancos habían penetrado muy adentro del territorio Apache, en lo que hoy es Arizona, Texas y New Mexico.

Para entonces, los Apache se habían separado en varias bandas. Se consideraban emparentados, pero tomaron distintos nombres y vivían en otras regiones del suroeste. Tres bandas no intervinieron en el conflicto con los mejicanos. Una era la de los Apache Lipan, radicada en lo que hoy es Texas. Otra era la de los Apache del Oeste, al norte de lo que hoy es Phoenix, Arizona. La tercera era la Jicarilla, al norte de New Mexico.

Otras tres bandas vivían más cerca de los asentamientos mejicanos. Eran los Mimbreno, Mescalero, y Chiricahua. Los Chiricahua tenían frecuentes escaramuzas con los mejicanos. Muchos subgrupos de esta banda eran agresivos guerreros. Les valieron a los Chiricahua la reputación de ser los Apache más aborrecidos-¡odiados hasta por los mismos Apache de otras tribus! Los Chiricahua lucharon ferozmente contra los invasores de sus tierras. Resistieron mucho tiempo ser conquistados. La historia de esta banda es recordada a través de sus grandes líderes: Mangas Coloradas, Cochise, y Gerónimo, cuyo nombre aún constituye un grito de guerra.

Esos hombres sabían que los asentamientos blancos estaban invadiendo su territorio, y pensaron salvarlo oponiéndose al gobierno de Estados Unidos.

Hacia 1848, los Estados Unidos aún no habían logrado controlar el suroeste. Los

Joven explorador Apache hacia 1880

únicos americanos que habían estado en contacto con los Apache eran cazadores de castores y mercaderes, algunos de los cuales habían penetrado ilegalmente en territorio mejicano. Al principio, los Apache consideraron inofensivos a los intrusos, porque no establecían asentamientos permanentes.

En cambio, pensaron que los mejicanos constituían una seria amenaza. En 1821 habían obtenido su independencia de España, y eso les permitía emprender la conquista de los indígenas de una vez por todas. Uno de los métodos que utilizaron para eliminar a miles de ellos fue pagar generosas sumas a los cazadores que les trajeran como trofeos cueros cabelludos Apache.

Recompensas por cueros cabelludos

El gobierno mexicano ofrecía 100 pesos por cada cuero cabelludo de hombre, 50 pesos por el de una mujer, y 25 pesos por el de un niño. En 1830, el peso equivalía en valor al dólar americano. Las recompensas desencadenaron brutales partidas de caza y masacres contra los Apache. Además de los mejicanos, también americanos se convirtieron en cazadores de cueros cabelludos.

Uno de ellos fue un mercader, James Johnson, que les vendía rifles, ganado y alimentos a los indígenas. Los Apache le tenían confianza y no lo consideraban su enemigo. Pero estaban equivocados. Johnson montó una trampa para atrapar a un Apache que estaba entre los "más buscados" por los mejicanos.

Se llamaba Juan José. Había sido educado por los españoles, y sabía leer y escribir. Usó este conocimiento para apoderarse del correo mejicano y así obtener informaciones acerca de movimientos de tropas y envíos de armas. Los mejicanos lo consideraban extremadamente peligroso.

En 1835, Johnson atrajo a Juan José y otros treinta y cinco indígenas a una reunión junto al río Gila. Johnson les hizo creer que les regalaría mantas, whiskey y monturas. Pero en cambio, les tenía preparada una explosión que mató a muchos del grupo. Johnson obtuvo recompensas por veinticinco cueros cabelludos Apache. Otros miembros de la tribu se vengaron destruyendo el comercio que tenía. Pero Johnson mismo escapó y abandonó el territorio antes que lo mataran. Johnson fue sólo uno de cientos de avaros y diabólicos hombres que mataban a los indígenas por dinero. Algunos ganaron miles de dólares de esa triste y brutal manera. Esos blancos, - no los indígenas - merecen ser llamados salvajes. La costumbre de matar por dinero trajo trágicas consecuencias. A su vez, los indígenas reaccionaron matando blancos, tanto mejicanos como americanos. Las relaciones entre los blancos y las tribus del suroeste se deterioraron definitivamente.

"Tigres de la especie humana"

Los Apache habían mostrado constante hostilidad contra las demás tribus. El general George Crook, que batalló contra ellos, los llamó los "tigres de la especie humana." Por más de doscientos años fueron considerados entre los más feroces y temidos indígenas del suroeste. Desde 1600 hasta 1886, los Apache aterraron a quienes se adentraban en sus tierras. Generación tras generación, supieron usar a fondo las múltiples cualidades de guerreros que poseían. Consideraban sus incursiones como una manera de vivir, llena de aventuras y de peligros.

Un joven Apache recibía un largo entrenamiento antes de convertirse en guerrero. Primero debía desarrollar sus métodos de supervivencia pasando muchos días en las montañas, viviendo de lo que pudiera encontrar o cazar. Solía viajar hasta setenta millas diarias a pie, con muy poca agua. A los diez y siete años, un joven capaz de abastecerse a sí mismo podía convertirse en guerrero. La noche anterior a una incursión, los guerreros se reunían junto a la fogata. El shaman - curandero - convocaba a los espíritus protectores. Se pensaba que el shaman era capaz de adivinar el futuro. A veces, aconsejaba desistir de una incursión porque presentía que encontrarían peligros descomunales.

El shaman les pintaba el cuerpo con pinturas ceremoniales rojas y negras, cantaba y batía su tambor, mientras cada guerrero representaba una danza que los demás contemplaban en silencio. Las danzas eran como un ensayo para el día siguiente, y mediante ellas los guerreros les hacían saber a los espíritus cómo deseaban

Na-huash-i-ta, un shaman (curandero Apache)

arrojar las flechas y evitar ser alcanzados por las armas enemigas.

Al principio, los guerreros usaban armas simples pero eficaces: arcos y flechas, lanzas y garrotes hechos con huesos de animales. Las puntas de las flechas y lanzas eran de pedernal, y se aguzaban y afilaban hasta convertirlas en puntas capaces de matar a su víctima rápidamente.

Pero al entrar en contacto con españoles y mejicanos, los Apache adquirieron las armas a fuego del hombre blanco, generalmente, rifles. Con el tiempo, en vez de robarlos, los indios cambiaban rifles por

otros artículos o los compraban a algunos blancos que los vendían ilegalmente.

Antes de tener caballos, los Apache hacían sus incursiones a pie, a veces viajando varios días antes de llegar a destino. Una vez allí, pasaban horas esperando el momento en que podían tomar a sus víctimas por sorpresa. Generalmente, eso era justo antes del alba, o cuando las mujeres y niños se encontraban solos en un campamento enemigo.

Hacia 1700, las incursiones Apache cambiaron completamente, cuando los Apache aprendieron de los españoles a usar los caballos. Los indígenas se convirtieron en excelentes jinetes, pero nunca los criaron. Cuando necesitaban caballos, los robaban o los capturaban en sus incursiones.

El Apache era inteligente, cauteloso, paciente y rápido. Era más astuto y corría más rápido que sus enemigos. Sabía asustarlos. A menudo los seguía días y días antes de atacarlos, lo que desgastaba los nervios de sus presas.

Los ataques contra los blancos eran frecuentemente venganzas por los brutales ataques de éstos contra los Apache. Los indígenas tenían la ventaja de conocer a fondo el territorio montañoso, tan inhóspito para los colonos extranjeros.

El típico ataque contra los blancos empezaba cuando los Apache tomaban posiciones en los altos promontorios que rodeaban un campamento o asentamiento. De vez en cuando, se dejaban ver un instante y luego desaparecían. Esto siempre ponía nerviosos a los blancos. Los indígenas enviaban señales de humo desde muchos sitios, lo que los asustaba aún más. De noche, los Apache se sentaban en la oscuridad cerca del campamento y hacían oir ruidos como de coyote o el silbido de la lechuza, para aumentar el desasosiego de los colonos.

Después, los Apache lanzaban una serie de pequeños ataques. Podían aparecer silenciosamente en medio de la oscuridad y robar los caballos y mulas. O se deslizaban en los campamentos o asentamientos pequeños y tomaban uno o dos cautivos.

Si esas acciones no alcanzaban para lograr que los blancos abandonaran el lugar, los Apache se lanzaban al ataque. Gran cantidad de guerreros entraba al área y mataba a toda la gente. Generalmente no quemaban las casas, porque temían los espíritus que habitaban en la gente muerta en el fuego. Los Apache creían en fantasmas.

Mangas Coloradas

Un Consejo Apache

(Foto cortesía de la Sociedad Histórica de Arizona)

Los grandes caciques

Mangas Coloradas fue un cacique importante. Logró organizar y unir a varias bandas Apache antes de 1848. Sabía que era necesario hacerlo si querían sobrevivir al poderío y las traiciones de los blancos.

Fueron los blancos quienes lo llamaron "Mangas Coloradas." Era un Apache de la tribu Mimbreno, una de las más fuertes de la época. Los Chiricahua apoyaban a los Mimbreno porque su cacique, Cochise, se había casado con una hija de Mangas Coloradas.

Mangas Coloradas era un gigantón de seis pies y seis pulgadas, dotado de una fortaleza física acorde con su altura. Era muy inteligente, y podía negociar con los jefes del ejército de Estados Unidos asignados al suroeste después de 1848.

Ese año es muy importante en la historia del país, porque fue el año en que Estados Unidos y México firmaron el Tratado de Guadalupe Hidalgo, que expandía los límites de Estados Unidos hasta el océano Pacífico y el Río Grande.

El tratado también estipulaba que los Estados Unidos se hacían responsables de impedir que los indígenas del suroeste, y sobretodo los Apache, cruzaran los nuevos límites e incursionaran en México. Los Estados Unidos asimismo acordaron que obligarían a los indígenas a devolver a cualquier mejicano que hubieran capturado.

En ese tiempo, el presidente de Estados Unidos era James Polk. Determinado a expandir las fronteras del país, aceptó esos términos, imposibles de cumplir. Fue tarea del ejército hacerlos respetar y controlar a los indígenas. No le fue fácil hacerlo.

Desde 1848 hasta 1853, hubieron más de 8.000 soldados estacionados en fuertes del suroeste, sobretodo en New Mexico y Arizona. Ese número constituía los dos tercios del total de los efectivos del ejército de Estados Unidos. Su objetivo principal era controlar no sólo las bandas Apache, sino también las tribus Comanche, Kiowa, Ute y Navajo que vivían en el área.

Al principio, Mangas Coloradas y los demás Apache aceptaron la presencia del ejército de Estados Unidos. Pero eso cambió cuando mineros blancos mataron a muchos indígenas. Mangas Coloradas confió en los líderes del ejército, y pensó que ellos castigarían a los asesinos. Pero el ejécito no tenía control alguno sobre los jueces civiles, y éstos eran quienes decidían cómo sentenciar a los acusados. Los asesinos fueron condenados a sentencias leves, y esto convenció a Mangas Coloradas que no podía esperar que se hiciera justicia a su gente en los tribunales del hombre blanco.

En 1851, cualquier posibilidad de una paz duradera entre los Apache y los americanos, fue destruída cuando Mangas Coloradas fue cruelmente azotado por un grupo de mineros. Más de una docena de hombres, algunos borrachos, saltaron sobre Mangas, lo ataron a un árbol, y casi lo mataron azotándolo con un látigo. Cuando lo soltaron, Mangas Coloradas apenas pudo volver a su campamento. Juró vengarse y durante los diez años siguientes, Mangas Coloradas comandó las bandas Apache de los Mimbreno, Chiricahua y Mescalero en los ataques contra los blancos. Les dijo que dispararan contra todos los que usaran sombrero, pues sólo los blancos lo llevaban. De ahí surgió la costumbre de poner un sombrero en la cabeza de cada blanco que mataban.

Durante diez años, el ejército persiguió a las bandas de Mangas Coloradas sin éxito. Finalmente, en 1863, cuando Mangas tenía alrededor de setenta años, los soldados al mando del brigadier general J. R. West le tendieron una trampa en Pinos Altos, New Mexico. Un grupo de soldados lo convenció de enarbolar una bandera blanca de paz. Al hacerlo, Mangas y quince otros fueron rodeados por más soldados. Mangas aceptó entregarse, a condición que sus compañeros fueran dejados en libertad. Los soldados cumplieron su palabra y los liberaron a todos, menos a él.

Pocos días después, Mangas murió en un campamento del ejército. Los registros dicen que fue muerto al intentar escapar. Pero se cree que sus captores lo mataron a sangre fría.

Uno de sus compañeros, que estaba con él cuando lo capturaron, continuó la batalla veinte años más. Se llamaba Gerónimo. Él y Cochise, el cacique de los Chiricahua, guiaron a los Apache al baño de sangre en que terminaron sus luchas contra los blancos.

Cochise era muy respetado por la banda Chiricahua. Era alto, fuerte, inteligente y se comunicaba bien con los blancos.

Su batalla personal había empezado en 1861, cuando fuera convocado a una reunión con el joven lugarteniente George Bascom, a realizarse en Paso Apache bajo una bandera de tregua. Los dos conversaban en la tienda de campaña de Bascom, mientras un pequeño grupo de indígenas y soldados esperaba afuera. Al terminar la reunión, se descubrió que un niño blanco había desaparecido. Bascom sospechó que los Apache de Cochise lo habían capturado.

Cochise negó saber nada del niño, pero su palabra no fue aceptada. Bascom ordenó a sus hombres tomar rehenes a Cochise y sus hombres, pero muy pronto el cacique escapó, haciéndole un agujero a la tienda y corriendo más rápido que sus perseguidores. Varios de sus acompañantes fueron muertos por los soldados, incluyendo algunos parientes cercanos. Cochise asedió los asentamientos blancos y las carretas del ejército durante los diez años siguientes, En 1872, aceptó firmar un tratado de paz con Estados Unidos. Murió en 1874.

Un explorador Apache Chiricahua

(Foto cortesía de la Sociedad Histórica de Arizona)

Gerónimo

Gerónimo, el último guerrero

En 1852, soldados mejicanos mataron a la mujer, tres hijas y la madre de Gerónimo en un solo día, despertando el odio de Gerónimo hacia los blancos. Al pasar los años, se lo conoció como el más terrible Chiricahua, odiado hasta por los demás Apache.

Alrededor de 1874, la mayoría de los Apache fueron obligados a vivir en reservaciones, incluso Gerónimo. Hasta entonces había permanecido libre en las montañas del límite con México, y odiaba vivir en un lugar de tierra seca y llana. Escapó con un grupo de seguidores y se escondieron en las montañas de México, desde donde incursionaron en los asentamientos mejicanos y americanos, matando a mucha gente. El gobierno los llamó "renegados," los persiguió por diez años, y logró varias veces capturarlos y enviarlos nuevamente a la reservación. Pero Gerónimo y los suyos escapaban cada vez.

Finalmente, el 25 de agosto de 1886, Gerónimo se entregó al ejército de Estados Unidos. Había pasado muchos años luchando y escapando. Consigo habían veintidós guerreros, y catorce mujeres y niños. Hoy, una pila de rocas marca este lugar histórico en Skeleton Canyon, Arizona. Al rendirse Gerónimo ya no quedaron en libertad indígenas de ninguna tribu en los Estados Unidos.

Gerónimo y sus seguidores pasaron el resto de sus vidas prisioneros en Fort Sill, Oklahoma. De vez en cuando, sacaban a Gerónimo para "exhibirlo" por todo el país. Hasta cabalgó en el desfile inaugural del presidente Theodore Roosevelt, en 1905. Gerónimo murió en 1909. Sus descendientes aún viven en Oklahoma.

Los Apache hoy en día

En 1889, habían 5.000 indígenas Apache viviendo en reservaciones, en precarias condiciones. En 1989, más de 25.000 miembros de la tribu viven en ellas o cerca de ellas. Casi todos tienen buenos trabajos y llevan vidas independientes y satisfactorias. Las seis bandas del siglo diez y nueve se reorganizaron en sólo tres: los Chiricahua, los Apache del Este y los Apache del Oeste. La más pequeña es la de los Chiricahua, en Oklahoma. Los Apache del Este, descendientes de los Mescalero y los Jicarilla, viven en New Mexico. Los Apache del Oeste están repartidos en tres reservaciones en Arizona: San Carlos, Tonto y White Mountain.

Cada grupo elige su propio consejo tribal, que decide en materias de educación, alojamiento, justicia, salud pública y bienestar. Sus ricas tierras incluyen recursos en petróleo y gas natural.

La de los Apache es una historia de logros notables, famosa entre las tribus indígenas. Los de White Mountain (Apache del Oeste) viven en Arizona Central, y su gente ha prosperado en el comercio. En 1963 crearon la Compañía Maderera de Fort Apache, y gracias a la venta de madera de sus vastos bosques, obtienen ingresos anuales de más de $14.000.000. La mayoría de los empleados de la compañía son indígenas Apache. Otra empresa de éxito operada por la tribu es la Estación de Esquí Apache Sunrise, una de las más populares de Arizona. Casi todos sus trabajadores son indígenas Apache. También operan la Estación de Esquí Sierra Blanca, muy popular en New Mexico.

Según la Oficina de Asuntos Indígenas, más de 175.000 indígenas viven en Arizona hoy en día y no solamente los Apache, sino también otras tribus.

El 26% de las tierras del estado es propiedad de los americanos nativos, y los Apache del Oeste controlan casi cuatro millones de acres.

Los Mescalero, (Apache del Este), han ganado la distinción especial de ser los primeros indígenas que organizaron y entrenaron bomberos de bosques, los famosos "sombreros rojos."

Hoy los Apache se dedican a muchas profesiones. Son rancheros, agricultores, mineros, maestros, empleados de oficina, políticos, conductores de camiones, y mucho más. Pero el desempleo sigue constituyendo un problema grave para muchos.

La historia temprana de los indígenas Apache está llena de abominables crueldades e inhumanos tratamientos. Pero su historia actual es la de un grupo de gente fuerte, talentoso y determinado que ha sabido encaminar su vida. Los Apache están orgullosos del éxito que han obtenido como americanos nativos y ciudadanos de los Estados Unidos.

Fechas importantes en la historia Apache

1589	Los indígenas Apache aparecen mencionados en los registros de los colonizadores españoles del suroeste.
1600s	Las bandas errantes Apache consiguen salvarse de la amenaza de convertirse en esclavos de los colonizadores españoles.
1700s	Hay continuas luchas entre los españoles y mejicanos y los indígenas Apache.
1821	Méjico obtiene su independencia de España e incrementa los ataques contra los Apache.
1830s	México ofrece recompensas por los cueros cabelludos de los Apache
1848	Los Estados Unidos y México firman el Tratado de Guadalupe Hidalgo, que estipula que los Estados Unidos terminarán con las incursiones Apache en territorio mejicano.
1851	Mangas Coloradas, un cacique Apache Mimbreno, es severamente azotado por mineros blancos y empieza una guerra para vengarse.
1852	Gerónimo, un Apache Chiricahua, encuentra asesinadas por blancos a su madre, su mujer y sus hijas.
1861	Cochise, el cacique Chiricahua, escapa del ejército americano y entabla guerra contra los blancos para vengarse del asesinato de sus parientes.
1863	Mangas Coloradas es muerto por el ejército de Estados Unidos.
1871	125 Apache, casi todos mujeres y niños, son asesinados en la Masacre de Camp Grant, en Arizona, por miembros del Comité de Seguridad Pública.
1872	Cochise firma un tratado con el general Howard y acepta terminar los ataques contra los blancos.
1874	Cochise muere de una enfermedad desconocida.
1875	Gerónimo rehusa vivir en la reservación y huye a México con una pequeña banda de seguidores.
1876-1886	Gerónimo y su banda de "renegados" Chiricahua incursionan en México y Arizona.
1886	Gerónimo se rinde por última vez al ejército de Estados Unidos.
1905	Gerónimo cabalga en el desfile inaugural del presidente Theodore Roosevelt.
1909	Muere Gerónimo en Fort Sill, Oklahoma.
1963	Los Apache White Mountain crean la Compañía Maderera Fort Apache, en Arizona.
1989	Más de 25.000 indígenas Apache viven y trabajan en o cerca de las reservaciones en Arizona y New Mexico.

ÍNDICE ALFABÉTICO

*Explorador Apache
con su violín*
(Foto Cortesía de la Sociedad Histórica de Arizona)